DISCOURS

PRONONCÉ

LE JOUR DE LA BÉNÉDICTION

DES DRAPEAUX

DU DISTRICT SAINT-MARTIN;

Par M. PARISAU, Citoyen.

SE distribue GRATIS,
Chez L'AUTEUR, rue de Bondi, n.º 74.

1789.

A MON DISTRICT.

RECEVEZ, ô mes Concitoyens, l'hommage de ma respectueuse & vive reconnoissance. En m'associant à vos glorieux travaux, vous m'avez replacé dans la classe honorable de laquelle je m'étois imprudemment éloigné, mais où me rappeloient (j'ose m'en flatter) mon repentir & mes vœux. Les préjugés ne tiennent pas plus contre vous que l'esclavage & la tyrannie.

Vous retrouverez dans ce foible Discours les sentimens que j'ai puisés parmi vous, & dont vous avez daigné quelquefois approuver l'expression dans nos Assemblées; approbation à laquelle je dois l'honneur d'avoir été nommé votre Député à la Ville. Cet honneur m'est d'autant plus précieux, que je l'espérois moins; mais permettez, je vous en supplie, que je n'accepte point cette marque de vos bontés, trop convaincu que mon zèle suppléecroit imparfaitement aux talens qu'exige cette fonction importante, & condamné d'ailleurs à des fonctions moins intéressantes pour mon cœur, mais que ma position me rend indispensables. Avoir été jugé par vous digne de vous représenter, suffit à mon ambition patriotique ; & cette époque, la plus douce de ma vie, je l'opposerai constamment à tout ce que je pourrois éprouver de peines & de contradictions.

J'ai l'honneur de vous renouveler, ô mes nobles concitoyens, les assurances de mon dévouement & de mon inviolable fidélité.

PARISAU.

DISCOURS

PRONONCÉ

LE JOUR DE LA BÉNÉDICTION

DES DRAPEAUX

DU DISTRICT SAINT-MARTIN.

Messieurs,

L'empreſſement avec lequel nous ſemblons nous diſputer le droit de parler à nos concitoyens, n'eſt point la puérile fantaiſie d'arranger des mots plus ou moins pompeux ; c'eſt le beſoin de répandre au dehors tous les ſentimens qui nous preſſent ; & telle eſt la nature de ces ſentimens patriotiques, qu'ils ſe gravent d'autant plus fortement dans nos cœurs, que nous les imprimons plus profondément dans les autres.

J'entends dire unanimement, Meſſieurs,

« Qui l'auroit pu croire, qu'un inſtant opérât » une ſi prodigieuſe révolution » ? Qui l'auroit cru, Meſſieurs ? Le Philoſophe, qui ſait que l'homme n'eſt capable que d'une certaine meſure de patience, & que tôt ou tard la liberté s'éveille dans les cœurs que l'eſclavage n'a point avilis juſqu'à s'en faire aimer ; le Politique éclairé, profond, à qui l'hiſtoire a révélé ces grandes & terribles conjurations des hommes contre l'uſurpation de leurs droits, envahis pendant des ſiecles, & reconquis en un jour : car, Meſſieurs, pour l'homme qui médite, l'hiſtoire eſt le tableau fidele de l'avenir, quand elle n'eſt pour le vulgaire que le ſouvenir indifférent du paſſé.

Mais, Meſſieurs, ſi la philoſophie dont les travaux ont préparé la liberté françoiſe, a pu préſager leurs ſuccès, & s'en flatter d'avance, il n'appartenoit qu'à notre Nation d'accomplir auſſi glorieuſement cet ouvrage. Je ne retracerai point ici les miracles de valeur & d'activité dont nos yeux ont été témoins, & qui trouveroient des doutes chez la poſtérité, ſi le bonheur dont elle jouira certainement, ne devoit en être tout à la fois & le fruit & la preuve. Je m'étonnerai ſeulement, oui, Meſfieurs, je ne cefferai de m'étonner de cette communication prompte & rapide, de cette électricité, j'ofe le dire, incroyable qui, portant au même moment, dans tous les cœurs, le fentiment & l'inftinct de la liberté, n'a fait de tant de forces divifées, qu'une feule & même impulfion contre le coloffe *inébranlé* jufqu'à nous de l'oppreffion & du defpotifme.

Que ne peut-on retrancher d'un fi beau récit des pages affligeantes! Oui, fans doute, la licence populaire a profané l'enthoufiafme faint qui nous agitoit. L'hiftoire de notre pays, cette hiftoire qui commence peut-être à nous (qu'il me foit permis de le dire, fans calomnier les autres âges de la France), cette hiftoire nous reprochera des cruautés qui n'ont jamais fouillé le nom françois. A cette jufte accufation, *LIBERTÉ* fera notre réponfe; & nous pourrons ajouter que fi, dans les jeux cruels de l'ambition des Rois, des milliers d'hommes font égorgés, fans qu'il s'éleve une voix pour redemander leur fang, un peuple entier, un peuple immenfe, à qui la conquête de fes droits a coûté le facrifice de quelques victimes, eft juftifié, s'il en a gémi.

(8)

D'ailleurs, Messieurs, ces jours de deuil seront bientôt réparés dans nos annales par des jours de gloire & d'alégresse, & nos Tacites, affranchis de la gêne qui captivoit la pensée, du même crayon dont ils auront flétri les tyrans, consoleront & charmeront nos yeux par des images intéressantes & douces. En rappelant ce qui se passe aujourd'hui parmi nous, de quelle couleur brillante ils peindront le ciel orageux de la liberté s'éclaircissant à l'aspect d'un roi citoyen, ces légions patriotiques naissant de toutes parts, comme ces soldats fabuleux que la terre enfantoit sur les traces de Cadmus; ces légions subites, rivales de l'armée, par le courage, la discipline, & les sentimens, ces légions ralliées en un moment autour de leurs drapeaux, qu'elles inclinent respectueusement aux pieds des autels, pour attirer sur eux les regards du Dieu qui fait vaincre, & consacrer sous ses yeux cette menaçante imprécation: *Périsse qui renouera les chaînes que nos mains ont rompues!* Enfin, Messieurs, un Sénat municipal bientôt organisé, sans brigue, par la sagesse, l'amour de l'ordre, la passion du bien, & l'opinion publique, dont les cris ont été bravés si long-temps, tout ce qu'ils raconteront est notre ouvrage: mais ne demanderont-ils pas *pourquoi nous aurons joui si tard de notre ouvrage ?* En effet, Messieurs, quand la paix renaissante ouvre les cœurs à tous les sentimens qui l'accompagnent, pourquoi ne goûtons-nous pas cette sécurité qui nous est promise, & qui remplacera si délicieusement tant desastres & d'agitations ? Qui peut nous troubler encore ? quels projets nous menacent ? & quels piéges nous sont dressés ? Repoussons avec indignation ces rumeurs de trahison, qui sont des trahisons elles-mêmes. Oui, je le déclare ici, nos seuls ennemis en ce moment seroient les alarmes semées à dessein, la fermentation sourdement entretenue, qui nourrit l'animosité populaire, & cette sombre défiance qu'un grand danger laisse toujours après lui, mais que la victoire doit chasser. Rappelons la confiance, la sensibilité, l'indulgence ; brisons ces tables de proscription, qui nous glacent de terreur, & que la plume & le crayon s'avilissent à multiplier. J'irai plus loin, ô mes concitoyens ; & dût l'expression de mon zele paroître prématurée, je m'écrierai : Si parmi tous ces noms dévoués à la vengeance, nos yeux reconnoissoient des hommes qui, par des talens distingués ou d'heureux succes, auroient bien mérité de la patrie ; déployons à leur égard ce grand caractere des hommes libres, la générofité ; difons-leur : « Vous nous aviez fervis, vous » avez voulu nous trahir ; nous fommes quitte: » venez jouir avec nous d'un bien que vous » avez voulu nous ravir ; nous en fommes » dignes, puifque nous favons pardonner ».

A ce mouvement magnanime, on reconnoîtroit des François. Eh ! qui peut nous empêcher de nous y livrer ? Je le répete, où font nos périls ? De quel droit les murmures de la haîne fe mêlent-ils encore aux acclamations de la félicité publique ? Eft-ce à la Nation heureufe & libre, à venger les injures du peuple efclave & malheureux ?

Vous ne me défavouerez point de ces nobles principes, vous que l'eftime univerfelle a placés à la tête de vos Concitoyens; vous, jeune Scipion l'Américain, dont la deftinée glorieufe étoit de protéger la liberté dans les deux mondes: & vous, illuftre ami des Mufes, qui prouvez à la dédaigneufe Ariftocratie, qu'un génie cultivé par les fciences peut entrer tout formé dans le Sanctuaire de l'Adminiftration. Puiffe un bonheur calme & durable être la plus belle victoire de l'un, l'ouvrage immortel de l'autre! & puiffiez-vous recueillir long-temps tous les deux les tributs de la reconnoiffance & de l'amour des François, dont il m'eft honorable & doux d'être aujourd'hui l'interprete!

De l'Imprimerie de DEMONVILLE. 1789.

www.ingramcontent.com/pod-product-compliance
Lightning Source LLC
Chambersburg PA
CBHW061620040426
42450CB00010B/2583